Flávio Duncan

PESCADOR! DE IDEIAS

2ª Edição

CB071956

NOVA**TERRA**

Copyright © 2012 Flávio Duncan

Copyright © 2012 Novaterra Editora e Distribuidora Ltda.

Editor . . . . Alberto **Garcia**

Capa, ilustrações e programação visual . . . . Ingo **Bertelli**

Fotos . . . . Bruno **Leal**

Editoração eletrônica . . . . Carlos Alberto Sá **Ferreira**

Revisão . . . . .Sandro **Gomes**

Conselho Editorial

Alberto Oliveira, Dauton Janota, Flávio Duncan, Gabriel Torres,
Júlio Battisti, Luiz Fernando Baggio, Rui Rossi dos Santos,
Trajano Leme Filho e Yuri Diógenes.

PESCADOR DE IDEIAS

FLÁVIO DUNCAN

ISBN 978-85-61893-18-7

Nenhuma parte deste livro poderá ser reproduzida sem a autorização prévia e por escrito da Novaterra Editora e Distribuidora Ltda.

Os conceitos emitidos neste livro são de inteira responsabilidade do Autor.

Apesar de toda a atenção, erros de digitação e/ou de impressão não são descartados. Em caso de alguma dúvida, entre em contato conosco pelo e-mail editorial@editoranovaterra.com.br para que possamos ajudá-lo.

A Novaterra Editora e Distribuidora Ltda. e o Autor, Flávio Duncan, excluem-se de quaisquer responsabilidades por eventuais perdas ou danos a pessoas ou bens por uso deste livro.

Novaterra Editora e Distribuidora Ltda.
Rua Visconde de Santa Isabel, 20 • Sala 707
Vila Isabel • Rio de Janeiro • RJ • CEP 20560-120
Tel.: (21) 2218-5314 • (21) 2218-4714
contato@editoranovaterra.com.br
www.editoranovaterra.com.br

Com tantas pessoas importantes em nossas vidas, seria impossível deixar de homenageá-los. Com todo carinho que um coração é capaz de suportar, dedico a presente obra à meus amigos, familiares, apoiadores, usuários do portal pescador de ideias e principalmente aos anjos que Deus coloca em nossas vidas, como: Antonio Santos Filho, Luciano Carvalho, Juliana Mattos, Aimeé Miranda, Márcia Dória, Luiz Felipe Lima, Rafael Rafick, Márcia Julião, Letícia Bahia, Cristiane Torquetti, Breno, Liége, Ronnie e Flávia Araujo, Flávia e Fernanda Lopes, Tânia Bastos, Lúcio Piedade, Dr. Carlos Moreira, José Baptista, Beth e Mel Bastos, Alan Ferreira, Deise Carnaval, Eli Bahia, Cátia Daltro, Patrícia Bahia, João Bahia, Yasmin e Ysabelle Barroso, Débora de Barros, Paula Nilo, Vanessa Toledo, Elizanddro Jarley, Jorcelina, Yara, Emília e Deolinda Amaro, aos amigos e parentes em Portugal e a todos que apoiaram esta empreitada e pactuam na militância por uma sociedade mais justa e um mundo melhor através de suas ideias.

APRESENTAÇÃO

Quando pensei em escrever um livro que falasse sobre a elaboração de projetos, a primeira coisa que pensei, foi: "padronizar", mas queria fazê-lo numa linguagem bem informal e super acessível a qualquer pessoa. Porque pensar em inserir cada apresentação de ideia num padrão? Porque acredito que neste primeiro momento, onde começamos a formular nossas ações, planejando, seja necessário focar, aparar arestas, para depois criar com objetividade. Isso te permite observar com mais clareza e prever o que seja necessário para execução de suas ações. Ao contrário do que muita gente pensa, criar nada tem a ver com desordenação, mas com foco, objetividade, inspiração, método e meio. É preciso expandir, fluir, imaginar, inspirar, ultrapassar fronteiras criativas e cada um encontra seu jeito pra isso, mas é necessário sempre desenvolver o valor agregado ao foco de suas ideias, seu objeto de interesse e realização. Escutei há muito tempo atrás de um professor a seguinte frase: "esqueça tudo que lhe foi dito, desempenhe com foco tudo aquilo que se propuser a realizar, isso te tornará competente". Acredito, que essa tenha sido uma das lições mais importantes da minha vida, porque me ensinou a organizar minhas ideias, estabelecer prioridades e tentar executar cada etapa da minha vida da melhor forma que eu podia. Despretensiosamente, talvez, essa seja uma das muitas fórmulas do sucesso. Não sei, mas imagino que o sucesso deve ter sim, uma parte muito importante ligada a organização e regra.

A verdade é que o presente manual não tem a finalidade de profissionalizar nenhum de nossos leitores e sim de contribuir para agregar valores e referenciais claros na propositura de suas ideias, levando-os ao exercício do planejamento para posterior execução de suas empreitadas. Infelizmente, a verdade, é que somos de um modo geral desacostumados com este tipo de operacionalidade e no decorrer do dia a dia todas essas ações acabam passando despercebidas por uma cultura de realizações sem planejamento.

Acredito que explicando de forma prática e roteirizando cada tipo de exposição de projetos, possamos solucionar diversos problemas comuns na exposição de material, como uso de gírias, linguagens e nomenclaturas incorretas atribuídas, parâmetros incoerentes, raciocínio ilógico, falta de foco e identificação, metodologia incoerente e até mesmo falta de clareza na exposição de seu material. Afinal, nem todo mundo que tem acesso a seus projetos pensa da mesma maneira, é perceptivo da mesma forma e comunga das mesmas heranças culturais que fazem sentido ao seu raciocínio naquele momento. Desse jeito, podemos ajudar as pessoas que analisam seu material, a estarem cada vez mais próximas das ideias que você escreveu e deseja dar forma.

Poderíamos aqui, nos ater a diversos manuais oficiais nacionais ou internacionais de padronização gramatical e formatação de textos com regras específicas, mas não é esse nosso interesse. Aqui nos ateremos apenas à questão de organização de planejamento e exposição de ideias.

◆ ◆ ◆

SUMÁRIO

Apresentação.. 4

O Projeto Pescador de Ideias.. 10

Definindo Parâmetros de Entendimento 12

O Que é um Projeto? 12

Etapas Para Desenvolvimento de Seu Projeto.................... 13

Formulação de Projetos.. 14

Identificando a Demanda e Público-Alvo........................... 15

Pesquisando 17

Amostras e Justificativa... 18

Amostras Não Aleatórias 19

Amostras Aleatórias 20

Metodologia e Operacionalidades..................................... 21

Cronograma Financeiro 22

Per Captas e Memórias de Cálculo..................................... 22

Administrando Riscos Desde o Início 23

Captando Parceiros e Colaboradores................................. 24

Roteiros Que Vão Lhe Auxiliar na Elaboração
de Seus Projetos: 25

I - Introdução 25

II – Objetivo 25

III – Etapas de um Projeto 26

3.1 – Etapas de um Projeto: 26

Planejando 26

IV – O Projeto 27

4.1 – Parte Descritiva 27

4.2 – Anexos 28

**Outros Roteiros de Referência Para
Melhor Compreensão e Fixação 29**

Modelo de Projeto 29

III – (A) Justificativa 30

IV – Objetivo Geral 30

V – Objetivos Específicos 30

VI – Atividades Metodológicas 30

Metas A Serem Alcançadas 31

Cronogramas de Atividades 31

**Projetos Prontos com Amostras e Pesquisas
Realizadas no Rio de Janeiro Para Atender a
População em Situação de Rua e
Vulnerabilidade Social 34**

Identificação do Projeto 35

Objetivo 35

Metodologia 36

Desenvolveremos 38

Público-Alvo 38

Justificativa 39

Estudo de Área e Necessidades 41

Pesquisas de Campo *43*

Avaliação e Monitoramento *44*

Recursos Humanos *45*

Cronogramas de Atividades *46*

Nota Sobre o Autor **48**

O PROJETO PESCADOR DE IDEIAS

Quando idealizei o projeto do site: "www.pescadordeideias.com.br", a verdade é que não imaginava que o projeto seria algo maior do que a timidez que me motivou a realizá-lo, nem tão pouco que resultaria num livro. Apesar de ser atuante no desenvolvimento de políticas e projetos sociais sustentáveis, no atendimento a população em situação em vulnerabilidade social, desde os 19 anos de idade, me surpreendi. Desenvolvi o conteúdo do site, de maneira que cada usuário pudesse escrever seu projeto, expor sua ideia ou solução pra qualquer problema que encontrasse em sua comunidade e a partir daí, a pessoa poderia colocar seu material disponível para download no ar, ou até mesmo ter acesso aos projetos de outras pessoas com sugestões diferentes para o mesmo problema, formando uma grande rede de discussão, troca de informações e trabalhos. Ao contrário do que imaginei, felizmente, a maioria das pessoas se preocupava sim com "políticas sociais de atendimento" e estavam dispostas a ajudar, expondo no site suas contribuições e ideias, com soluções práticas e muitas vezes muito mais objetivas e mais baratas do que as que eram adotadas pelas instituições governamentais. Para maior surpresa ainda, adolescentes com faixa etária entre 12 e 17 anos, aderiram literalmente a ideia e se tornaram os principais colaboradores do site, com fóruns de discussão, envio de materiais, denúncias e um fluxo de acessos de quase 22.000 pessoas em apenas um mês e meio. Estava formada a primeira grande rede de responsabilidade social internauta do Brasil. Hoje somos 286.000 pessoas em contato diário só no Rio de Janeiro. Fico muito feliz com tudo isso e por principalmente, ter podido contribuir com a retomada da politização desses jovens, como células sociais politicamente ativas e participativas nos problemas da sociedade. Assim, com o passar do tempo, passei a receber diversos e-mails e projetos com dificuldade na exposição de ideias e na formatação dos materiais dis-poníveis para download e envio no site. Dessa forma, achei ser pertinente escrever um livro que ajudasse as pessoas a produzir seus projetos com clareza.

Hoje, o site é um canal de discussão e troca de informação e projetos entre jovens, universitários, adolescentes, aposentados, profissionais da área e uma infinidade eclética de usuários, comprovando que o presente manual é um material de relevante importância e agrega valor a vida profissional, estudantil ou pessoal de qualquer um, independente da área ou seguimento em que atue, seja para utilizá-lo em sua escola, universidade, trabalho, comunidade, empresa ou instituição. Portanto, se você teve acesso a este material, "arregace as mangas", dê vida a suas ideias, voz a seus ideais e apresente ao mundo o que você pensa! Boas empreitadas.

DEFININDO PARÂMETROS
DE ENTENDIMENTO

O que é um Projeto?

É uma ideia, ou empreendimento planejado que se baseia em várias atividades coordenadas e relacionadas, para que você possa alcançar algum objetivo ou expectativa de realização no fim de todo um processo. É neste processo que desenvolvemos um mecanismo onde podemos por nossas ideias em prática, estudar eventualidades e planejar nossos atos para que alcancem seus objetivos da maneira que esperamos. Planejar, implica em administrar riscos e nos precaver para que não nos atrapalhem no alcance de nossos objetivos.

Cada ação planejada e detalhada vai lhe permitir correr cada vez menos riscos na hora de colocar suas ideias em prática, através da metodologia que você escolheu para executá-las. Assim, será possível que você alcance os objetivos propostos em menos tempo, com menos desgaste, menor utilização de seus recursos e a possibilidade de obtenção de dados cada vez mais próximos da realidade na avaliação e monitoramento dos objetivos alcançados na finalidade pretendida. É muito importante dizer, que na verdade, existem uma infinidade de planos, roteiros, padronizações e organogramas que nos ajudariam passo a passo na montagem e confecção de nosso material. Por hora, adotamos o esquema de ações disposto na próxima página, acreditando que seja o mais coerente e simples, para um melhor entendimento e fixação de ideias.

Etapas Para Desenvolvimento de Seu Projeto

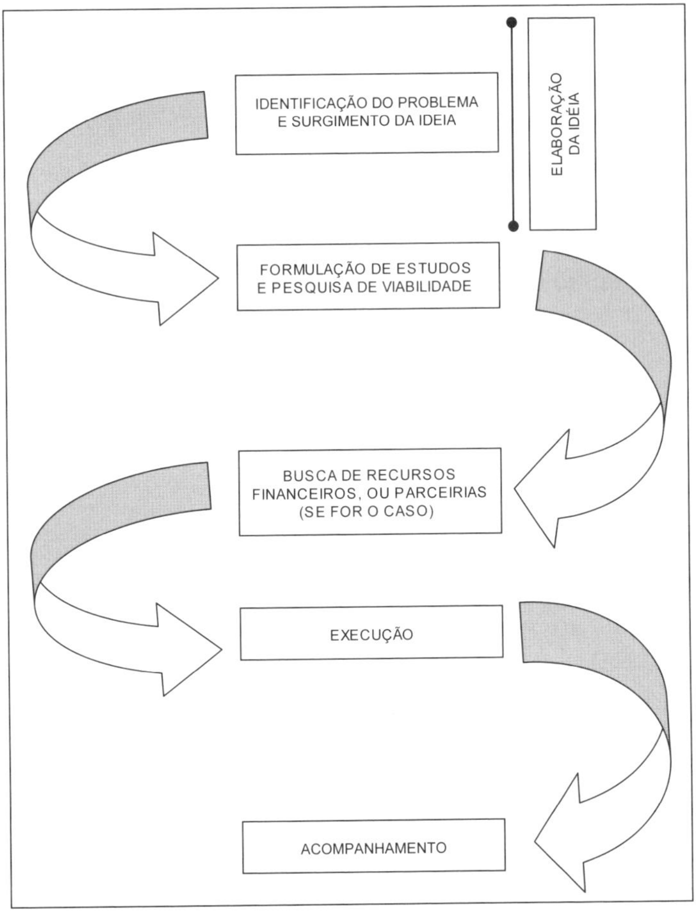

Formulação de Projetos

Já li diversos trabalhos de diversos autores que preconizam a ideia de que um projeto surge em resposta a um problema concreto. Ou seja, você precisa identificar um problema, ter uma ideia para sanar o que viu, analisar a demanda e por em prática o planejamento de um mecanismo que dê cabo do problema a partir da sua ideia.

De uma maneira bem particular, até acredito na concepção de que seja bem mais fácil identificar um problema e a partir dele pensarmos na solução, mas decidi não me limitar neste conceito e acreditar que a ideia de planejar ou projetar, não surja apenas em função de um problema, mas também passa a existir a partir da prevenção, da complementação de uma demanda e quem sabe da solução de uma eventualidade.

Na verdade, o grande segredo de um bom projeto está na capacidade que você tem de avaliar e ter percepção da realidade, avaliar os rumos que você pretende tomar e desenvolver um mecanismo que seja possível, prevendo inclusive ações que ainda não aconteceram. Desta forma, você é capaz de a partir de uma análise coordenada avaliar informações e desenvolver estruturas, definindo o meio pelo qual alcançará seus objetivos. Gosto de pensar na máxima de que: "planejar implica em detalhar", pois é a mais pura verdade. São os detalhes que nos fornecem dados reais próximos da veracidade da vida cotidiana e podem nos precaver da maioria das ações inesperadas. O Inesperado precisa ser o mais esperado possível para que tenhamos mais chance de sucesso e menos risco em nossas empreitadas. Planejar diminui os riscos de qualquer ação e isso é muito importante, seja qual for o seguimento ou objetivo a que seu projeto se destine. Afinal, como seria possível fazer um bolo, sem a medida de uso de seus ingredientes ou quem sabe quais ingredientes a serem utilizados?

Outro dado importante, que se faz necessário comentar, é o fato de que com menos riscos, é muito mais fácil convencer e captar colaboradores e investidores para execução de suas ideias. As parcerias se tornam muito mais fáceis, pois com menos riscos há muito menos possibilidade de perda entre todos os que estão envolvidos com sua empreitada. Veremos mais detalhadamente a frente como administrar seus riscos na hora de planejar.

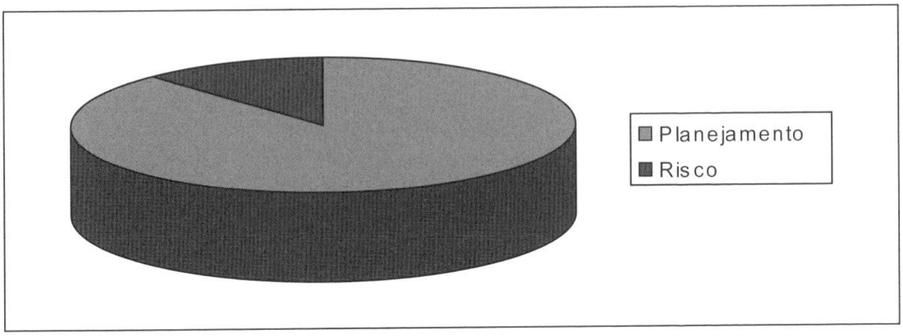

Identificando a Demanda e Público-Alvo

Na verdade todo planejamento precisa ter um objetivo final, a ideia que se quer dar forma. É a partir deste conceito que definimos: beneficiários, metodologias, seguimento em que atuaremos, estudos necessários para nos aproximarmos de dados reais e o caminho a ser trilhado até a conclusão de nossas ações.

Identificar a finalidade que se pretende alcançar não é tarefa das mais fáceis, porque além dos resultados propostos, há necessidade de identificação do público-alvo, ou seja, os beneficiários ou o seguimento beneficiado, ao qual seu projeto pretende atender. É desta forma que passamos a entender se nossas ações ou se o objeto proposto como finalidade é realmente necessário e de que forma ele será realmente útil aos beneficiários que se destina. Sem a identificação de seu público-alvo, da demanda, ou seja, da necessidade de execução de suas ações, o projeto perde sua "justificativa", isto é, argumento para existência e execução das ações propostas.

Assim, além de uma boa ideia, ou de uma boa vontade para execução de um projeto, é imprescindível que conheçamos a necessidade e perfis de nossos beneficiários, ou do seguimento ao qual o projeto se destina, bem como o comportamento ou reação social que agrega necessidade da execução de ações propostas em seu planejamento. Outro fator importante é o descritivo do perfil de seu público-alvo, quantitativo de beneficiários, faixa etária e todos os dados de pesquisa que lhe possibilitem conhecer a quem você atenderá, isso será um elemento facilitador na hora de identificar as necessidades e orçamento de seu projeto. É imprescindível que tenhamos a noção de que cada vez mais próximos de nossos beneficiários, ou conhecendo cada vez mais o seguimento em que atuaremos com nossas ações, poderemos estar muito mais próximos da realidade e da previsibilidade de impacto social que suas ações causarão, eventualidades que possam ocorrer durante o processo e obtenção de sucesso na concretização de suas ações.

Pesquisando

Existem vários mecanismos que podem te auxiliar para obtenção de dados reais na propositura de suas ações, para que você realmente possa alinhavar sua metodologia, com a necessidade real e a demanda pretendida; São eles:

Pesquisas Bibliográficas – Com dados reais de pesquisadores que já tem uma experiência bem mais ampla no campo de atendimento, que você pretende abranger com suas ações. Onde você poderá encontrar sugestões até mesmo para contribuir na metodologia que você pretende alcançar, na natureza das ações que pretende realizar e apoio em dados históricos ou manifestações sociais, que justificam suas ideias e a demanda identificada por seu ponto de vista.

Pesquisa de Campo – São mecanismos muito úteis para a finalidade de coleta de dados. Esses dados, são as ferramentas de que você precisará, para estar cada vez mais próximo da realidade de suas ações, que até então, se cartularizam e fundamentam apenas no papel. Alguns estudiosos definem e separam as pesquisas de campo de várias formas e nomenclaturas diferentes. Utilizei as que melhor nos atendessem na compreensão do estudo e na objetividade de nossas ideias. São elas:

Pesquisas de Campo por Quantidade ou Descrição – Elas tem o objetivo de conferir as hipóteses do problema que você identificou inicialmente, talvez, até mesmo através de conhecimento empírico. Através deste tipo de pesquisa, podemos avaliar de maneira real o desenrolar de um fato identificado, isolado, ou não. Utilizam-se questionários, entrevistas, formulários e todo tipo de material para coleta de dados.

Pesquisa de Campo com finalidade de Exploração – É aqui onde podemos agregar as informações angariadas e proceder com a produção de formulários de avaliação. Com este mecanismo, podemos aprofundar nossos conhecimentos sobre a questão, formulando hipóteses e conceitos sobre a demanda a ser atendida. Você pode recorrer a ferramentas como: Declaração de estudiosos sobre o assunto, pesquisas já realizadas anteriormente, entrevistas com profissionais atuantes na área etc.

Pesquisas de Experimento – Podemos aqui, avaliar as hipóteses firmadas nos campos anteriores. Esse tipo de pesquisa, é muito útil quando trabalhamos com variáveis de controle. Dessa forma, é possível ter noção de causa e efeito diante das eventuais ações propostas. Podemos utilizar como ferramenta para este tipo de pesquisa, mecanismos que te possibilitem avaliar o comportamento e reação dos beneficiários diante de determinada ação.

Amostras e Justificativa

Depois de pesquisar e ter acesso aos dados que lhe auxiliarão na escolha de sua metodologia e ações a serem realizada, é necessário também escolher de que forma estes dados serão expostos, justificando e atestando a necessidade de sua proposta. Assim, apenas em caráter ilustrativo, descrevemos as formas mais utilizadas nos dias de hoje, distinguindo-se os tipo de amostra de pesquisa, para que você caro leitor, tivesse acesso a todas as ferramentas que estão a seu dispor na hora de coletar seus dados de pesquisa, ou seja, suas amostras.

Uma amostra pode ser probabilística (quando é obtida casualmente), ou não Probabilística, quando a escolha dos elementos da amostra é aleatória.

Amostras não aleatórias

No caso das amostras não aleatórias, não podemos aplicar inferências estatísticas, mas podemos utilizar o que chamamos de estatística descritiva. As amostras não aleatórias normalmente, se classificam da seguinte forma:

a) Acidental: Quando o pesquisador escolhe os elementos que lhe convém (exemplo: estou na calçada da minha casa e farei daqui o local da entrevista etc.)

b) Intencionais: Quando a amostra é escolhida intencionalmente pelo pesquisador. (exemplo: Vou coletar meus dados de pesquisa na Praça São Jorge, porque lá acredito encontrar as pessoas com o perfil que procuro etc.)

c) Por "Juris": É a seleção de um grupo específico, pré-determinado, eleito, representativo da população, para fazer várias perguntas (exemplo: faixa etária, nível de formação, renda familiar etc...)

d) Julgamento (é proposital, tem tipicidade): É a escolha de um grupo, que tenha característica que represente determinada população. A tipicidade tem uma peculiaridade, aqui encontramos elementos muito mais abrangentes e extensos no que tange ao perfil social de cada pessoa por agregar valores culturais diferenciados, dependendo de seu grupo de estudo e coleta de dados. Ex: Vou entrevistar mineiros, alagoanos, frentistas, dançarinos...)

e) Por quota: conhecendo as características de uma população ou de determinado grupo que se pretende pesquisar e coletar dados, o pesquisador pode montar amostras proporcionais em cima destas características já firmadas, estabelecendo cotas e percentuais por identificação.

Amostras aleatórias

Este tipo de amostra é bem mais detalhado no que tange a apresentação de seus dados, pois para realizar este tipo de amostra, é necessário conhecer todos os elementos da população estudada em que coletaríamos as informações, como por exemplo: nomes, endereços etc. Além de mapear e definir um número para cada elemento, para que eles sejam selecionados, através do o uso de uma tabela de numérica com números aleatórios. Apenas em caráter ilustrativo, as amostragens aleatórias, podem ser:

a) Simples (ou casuais simples): onde os elementos da amostra são escolhidos, através do uso de uma tabela de números ou códigos aleatórios.

b) Sistemática: A amostra é determinada por intervalos fixos pré-determinados. Por exemplo: num grupo de

500 elementos, escolhe-se uma amostra selecionando cada vigésimo primeiro elemento da lista.

c) Estratificada: Identificamos uma população, depois dividimos em grupos, extraímos então uma amostra aleatória de cada grupo, conforme a sua proporção na população identificada.

d) Conglomerados: Um conglomerado é uma unidade ou nicho, onde se pode concentrar parte de uma população que se deseja estudar (faculdade, time de vôlei, escola, igreja etc.), ele tem que ser representativo da população. De acordo com a pesquisa, a amostra pode ser definida até mesmo pelo sorteio aleatório de um desses conglomerados.

Metodologia e Operacionalidades

Depois de identificadas suas amostras, seus dados de pesquisa, o objetivo proposto e a finalidade que você pretende alcançar, passamos a traçar o método, maneira a ser utilizada para que você consiga chegar ao determinado fim que seu projeto e plano de ações se destinam. Neste momento, depois de ter executado suas pesquisas, você já pode começar a pensar em que medidas você adotará para sanar determinada necessidade ou atender a determinada demanda na propositura de suas ações. A partir deste ponto já é possível começarmos a ter uma certa noção do que será necessário providenciar para execução das ações propostas em sua totalidade. Assim, você começa a identificar as seguintes necessidades como exemplo e a título ilustrativo:

- **Recursos Humanos** – Pessoas com necessidade de contratação ou voluntariado para desempenho das ações propostas na metodologia.

- **Material Permanente** – Bens ou utensílios móveis necessários para que você possa utilizá-los no decorrer da execução de seu projeto.

- **Material de Consumo** – Bens consumíveis necessários no período em que você desempenha suas ações, como, material de escritório, copos descartáveis, bobinas de fax, cartuchos de impressora, alimentação etc.

Cronograma Financeiro

Depois de identificadas as necessidades para executar as ações propostas em sua metodologia, chega a hora de identificar e elencar as planilhas de gastos e a necessidade de recursos mês a mês. Desta forma, será possível planejar o uso de seus recursos, sanar emergencialidades que tenham fugido a sua percepção e controlar as despesas de suas ações. Se for o caso, confeccione uma planilha de gastos com as necessidades identificadas nos tópicos anteriores, elencando despesas, como por exemplo: contas de luz, telefone, água, vale transporte, combustível, funcionários etc.

Per Captas e Memórias de Cálculo

Ferramentas muito úteis na confecção da parte orçamentárias dos projetos são planilhas de memória de cálculo, que nada mais são que descritivos de despesas bem detalhados, sendo um grande aliado nos casos de prestação de contas de projetos junto a entidades parceiras que exijam esse mecanismo.

Os per captas possibilitam que tenhamos noção de quanto é gasto com cada beneficiário do projeto e conseguimos visualizá-lo da seguinte forma:

$$\frac{\text{VALOR TOTAL DO PROJETO}}{\text{NÚMERO DE BENEFICIÁRIOS}} = \text{VALOR PER CAPTA}$$

Administrando Riscos Desde o Início

Agora que você já sabe formular seu projeto e conseguiu saber mais sobre a organização e planejamento de suas ações, tenha sempre em mente, a ideia de que quanto mais você conhecer da área em que atuará e mais souber sobre os beneficiários que pretende atender, mais poderá ser perceptivo a eventualidades que poderão vir a surgir no decorrer de todo processo. Assim, será possível se precaver de qualquer problema que venha a tentar lhe impedir de prosseguir com a execução de suas ações, possibilitando que seus riscos sejam cada vez menores, lhe resguardando para que não haja descredibilidade de seus projetos, desgaste de seus recursos e com os parceiros e colaboradores envolvidos.

Captando Parceiros e Colaboradores

É muito importante falarmos sobre este tema em especial porque para execução de um projeto, nem sempre é possível iniciar nossas ações sem recursos ou estrutura, portanto, busque alternativas, converse com seus amigos, fale sobre suas ideias em sua comunidade, articule parcerias com empresas privadas ou com instituições governamentais. Tenha em mente que todo mundo é um colaborador em potencial.

◆ ◆ ◆

ROTEIROS QUE VÃO LHE AUXILIAR NA ELABORAÇÃO DE SEUS PROJETOS:

I – INTRODUÇÃO

II – OBJETIVO

III – ETAPAS DO PROJETO

IV – O PROJETO

ANEXOS – Cronogramas de Despesa, Dados de pesquisa, fotos etc.

I – INTRODUÇÃO

Aqui é onde você descreve um breve resumo sobre seu projeto, com as possíveis soluções que vislumbra através de sua ideia, pessoas a quem pretende beneficiar, como por exemplo: crianças em situação de rua, vítimas de exploração sexual, saneamento básico, tráfego de automóveis em sua cidade. Não importa a ideia, o importante é a solução e deixar a imaginação te levar.

II – OBJETIVO

Neste espaço, descreva o objetivo de sua ideia, a solução que pretende adotar pra um determinado problema e quem se beneficiará com ela e de que forma.

III – ETAPAS DE UM PROJETO

Após a identificação da ideia pelos envolvidos, a próxima etapa será o planejamento, ou seja, a etapa correspondente à elaboração de um PROJETO.

O ciclo de elaboração de um projeto é composto de várias etapas, cada qual com sua importância individual e com características particulares, contudo, todas elas interligadas e interdependentes.

3.1 – Etapas de um projeto:

3.1.1 – Identificação do problema e surgimento da ideia (solução/demanda).

3.1.2 – Formulação e estudos e pesquisas de viabilidade (será que sua ideia além de necessária é possível?).

3.1.3 – Busca de recursos e obtenção do financiamento ou parcerias, se for o caso.

3.1.4 – Execução de suas ações para solução da demanda identificada.

3.1.5 – Acompanhamento de suas ações pra que você possa avaliar os objetivos alcançados. Neste caso, tratamos aqui também de expectativas.

Planejando

Durante o planejamento, tenha sempre em mente que suas ideias serão realmente trabalhadas, saindo do papel e se desenvolvendo em atividades reais e futuras, modificando ou melhorando alguma deficiência identificada por sua ótica e análise.

A união destes fatores é a escolha de um caminho para desenvolvimento de nossas ações, e vão nos ajudar a identificar a viabilidade de cada etapa, a sustentabilidade de nossas empreitadas e se realmente é possível realizar cada ação proposta.

IV – O PROJETO

4.1 – Parte Descritiva

Neste trecho, descreva os principais aspectos que te levam a apresentar o projeto.

4.1.1 – Título do Projeto.

4.1.2 – Identificação do Autor, seus colaboradores e comunidade a que destina (se houver) . É importante que saibam quem é responsável pelo estudo, bem como seus colaboradores, até mesmo para finalidades de registro, se for o caso.

4.1.3 – O problema por si só, demanda que foi identificada, justificativa, objetivo geral e específico, resultados que você espera alcançar. (para que o projeto foi escrito? Por que foi desenvolvido? Como? Onde? Para quem?)

4.1.4 – Descreva em detalhes quais são as ações que você, seus colaboradores, ou até mesmo a comunidade a que o projeto se destina pretende tomar para implantar e desenvolver este projeto.

• O estudo de necessidade das ações.

• Os eventuais riscos na execução do projeto e possíveis soluções encontradas.

• Operacionalização em questão, como serão realizadas as ações.

• Impactos (econômico, social, ambiental). De que forma sua ideia pode refletir na comunidade em que será executada ou diante dos beneficiários que pretende atender, qual a destinação/solução dos resíduos provenientes deste projeto.

• Sustentabilidade, perspectiva de continuidade de suas ações e incremento de ação.

• Metas a serem alcançadas, tempo de execução, quantidade de beneficiários atendidos.

4.2 – Anexos

• Cronograma de atividades (se houver);

• Planilha de quantitativos: expectativa de beneficiários, dinheiro necessário para implantação e execução mês a mês durante toda a vigência de seu projeto, se for o caso).

◆ ◆ ◆

OUTROS ROTEIROS DE REFERÊNCIA PARA MELHOR COMPREENSÃO E FIXAÇÃO

MODELO DE PROJETO

I – TÍTULO DO PROJETO

II – IDENTIFICAÇÃO:

Autor:	
Telefones:	
E-mail:	
Município:	
Colaboradores:	
E-mails:	Telefones:

III – INTRODUÇÃO

- A que se propõe o projeto
- O Problema
- A solução
- As necessidades
- As estratégias
- Parcerias

III – (a) JUSTIFICATIVA

Porque se julga necessário o desenvolvimento dessas ações? Baseado em que identificou-se a demanda e necessidade? Porque utilizar as formas de pesquisa adotadas e as amostras eleitas?

IV – OBJETIVO GERAL

Corresponde a uma proposta imediata para o problema.

V – OBJETIVOS ESPECÍFICOS

É o que se pretende conseguir com a implantação do projeto e com a execução de suas ações. Solucionar um problema bem definido.

VI – ATIVIDADES METODOLÓGICAS

• Atividades necessárias a serem desenvolvidas para sanar a demanda identificada.

• Como vai ser desenvolvida a ação e através de que tipo de ação.

• Operacionalidades adotadas.

- Riscos do projeto e possíveis soluções identificadas.

- Perspectiva de continuidade e incremento da ação-Sustentabilidade.

- Impactos que espera-se que as ações causem diante da realidade e da necessidade da comunidade em que será executado.

Metas a Serem Alcançadas

Perspectivas a serem alcançadas a partir das ações propostas com o número de beneficiários atendidos.

Cronogramas de Atividades

Projeto:
Autor . :
Município ou área de atuação:

Pescador de Ideias

Ações que serão desenvolvidas	Meses em que serão executadas						
Atividades	I	II	III	IV	V	VI	VII

Memória de Cálculo					
Título do Projeto:					
Autor:			Parceiros envolvidos (se houver)		
Município:					
Item	Discriminação	Und.	Quant.	Preço Unitário	Total
I	**Serviços Terceirizados**				
1.1	Carteiras escolares				
1.2	Reformas				
II	**Infraestrutura**				
2.1	Contratação de pessoal				
	Computadores				
Valor total do projeto:					
(se for o caso de necessidade de investimento financeiro para implantação)					

◆ ◆ ◆

PROJETOS PRONTOS COM AMOSTRAS E PESQUISAS REALIZADAS NO RIO DE JANEIRO PARA ATENDER A POPULAÇÃO EM SITUAÇÃO DE RUA E VULNERABILIDADE SOCIAL

Os Projetos "Phoenix" e "Rosa de Ouro" foram concebidos e desenvolvidos por Flávio Duncan e fundamentam-se exatamente nos mesmos dados e amostras de pesquisa, nas mesmas demandas identificadas e tem o mesmo objetivo, resgate social de população em situação de rua, sem referencial social, empregatício ou familiar. Se diferem apenas na metodologia, onde um prevê além de diversas ações de promoção de cidadania, resgate social, desintoxicação narcótica e alcóolica, a capacitação em técnicas de venda e telemarketing, o outro, na capacitação em botânica e jardinagem, reinserindo essas pessoas no mercado de trabalho, contribuindo para manutenção e implantação de mudas em nossos parques, jardins e praças públicas. Assim, a título de ilustração e para melhor fixação, citamos os dois projetos com mesma fonte de pesquisa e transcrevemos parte do trabalho desenvolvido. Neste caso, o projeto "Phoenix – Renascendo para uma nova vida". Seguem os resumos:

Projeto Phoenix – Renascendo para uma nova vida.

Além da Reintegração social, o projeto Phoenix prevê a capacitação profissional destas pessoas em técnicas de venda em varejo e telemarketing, juntamente com a captação de empresas privadas parceiras, reinserindo-as no mercado de trabalho. Tirando efetivamente as pessoas das ruas, fazendo-as gerar renda e trabalho e possibilitando mais qualidade de vida a todos os beneficiários

Projeto Rosa de Ouro – Semeando esperança.

Além da Reintegração social, o projeto Rosa de Ouro prevê a capacitação profissional de seus beneficiários em técnicas de jardinagem e botânica, com a finalidade de contribuir no paisagismo, na manutenção de mudas e arborização de parques, praças e ruas de toda a cidade. Tirando efetivamente as pessoas das ruas, fazendo-as gerar renda e trabalho e possibilitando mais qualidade de vida a todos os beneficiários, resgatando-as socialmente.

Identificação do Projeto

Projeto:	Phoenix: Renascendo para uma nova vida
Idealizado Por:	Flávio Duncan
Público-Alvo:	População de Rua da Cidade do Rio de Janeiro
Tempo de Execução:	9 meses
Área de Execução:	Zona Sul e Centro do Rio de Janeiro

Objetivo

Propiciar através do presente projeto e da metodologia fundamentada em dados reais de pesquisa, o atendimento social a 250 adultos com faixa etária de 18 à 55 anos, no período de 9 meses promovendo o resgate social, a ressocialização e transformação da realidade de pessoas em situação de abandono e de risco social nas grandes cidades, sem referencial empregatício ou domiciliar, reinserindo-as no convívio e condicionamento comportamental, "sócio-familiar" sadio, reintegrando-as às suas famílias e ao mercado de trabalho.

Através de acompanhamento psicológico, reintegração palestral, apoio e abordagem profissional, nossas ações se fundamentam no resgate do equilíbrio emocional de cada pessoa, com uma abordagem mais humana, contribuindo para desintoxicação narcótica e alcoólica, capacitação profissional, resgate de autoestima, implantação e manutenção de "upgrade" comportamental, mantenedor e condicionador de regras posturais sustentáveis praticadas socialmente e adotadas no dia a dia.

Diferente da grande maioria das ações sociais já realizadas para atuar nesta modalidade de atendimento, o presente projeto tem a finalidade de retirar essas pessoas das ruas, de forma objetiva, agregando referenciais, valores, atitudes comportamentais, viabilizando o resgate de autoestima e perspectivas realmente diferentes da circunstância social em que se encontram, agregando qualidade de vida e uma nova perspectiva à realidade destas pessoas.

Metodologia

Após largo investimento em pesquisa, percebemos, que hoje, cerca de 95% das pessoas nas ruas da cidade do Rio de Janeiro, são reincidentes ou dependentes de programas sociais. Temos aqui, a finalidade de estabelecer métodos práticos, com baixo custo de implantação e manutenção, que tragam resultados objetivos e reais no desenvolvimento comportamental de pessoas em situação de risco social, em situação de abandono, sem referencial social e familiar, ambulando nos grandes centros urbanos como mendigos, inchando centros de triagem, hospedagem e alimentação, como os restaurantes populares, que nada mais são que grandes centros de fomento a pobreza, com característica paliativa e mantenedora de um condicionamento sócio dependente das pessoas que utilizam-se desses centros para se alimentar, sem perspectiva de mudança de realidade.

No presente instrumento, trataremos do resgate de cada pessoa como ser humano, propiciando o "resgate da alma" no sentido mais amplo da afirmativa. Através do apoio psicológico, trabalharemos também o equilíbrio emocional destas pessoas. Adotaremos aqui, um cronograma de ações de acompanhamento psicológico, palestras de capacitação de cunho e pauta "político-social", viabilizando reintegração social, dinâmicas, resgate de autoestima e identidade como cidadão de cada uma dessas pessoas, afim de possibilitar o resgate social, equilíbrio, qualidade de vida e referencial de cada um, trazendo como consequência um trabalho de "upgrade" comportamental, reinserindo cada indivíduo num condicionamento de atitudes e comportamentos socialmente praticáveis e sadios.

Desenvolveremos

• A importância da persuasão, higiene e da boa apresentação na disputa de um bom emprego e no convívio social.

• A ressocialização dos beneficiários atendidos pelo projeto.

• Acompanhamento psicológico, possibilitando o equilíbrio emocional dos beneficiários.

• Acompanhamento e abordagem profissional contribuindo para desintoxicação narcótica e alcoólica dos beneficiários vítimas de dependência química.

• Dinâmicas e Palestras de Capacitação e discussão Sócio Política reafirmando um referencial social de cada pessoa.

• Curso de Capacitação Profissional em Vendas, Varejo e Telemarketing.

• Articular corresponsabilidade de empresas públicas e/ou privadas, com vistas à garantia da empregabilidade dos beneficiários atendidos pelo projeto.

• Oferecer programa de qualificação comportamental e capacitação profissional por 9 meses.

Público-Alvo

250 pessoas "adultas", com faixa etária entre 18 e 55 anos, em situação de abandono e de risco social nas grandes cidades, sem referencial empregatício, social, fami-

liar ou domiciliar, ambulando nos grandes centros urbanos como mendigos, inchando centros de triagem, hospedagem e alimentação.

Justificativa

Vistos de maneira negativa pela grande maioria da sociedade, os moradores de rua incham cada vez mais os centros urbanos e os programas sociais paliativos, contemplando-os com hospedagem e alimentação diária, expondo suas misérias no meio das ruas. Adotamos amostras reais de pesquisa de campo nos nichos em que se encontram agregados. Muitas vezes com práticas em público (nas ruas) que normalmente se dão no espaço privado (em casa), como por exemplo: tomar banho nos chafarizes das praças públicas e também lavar e estender roupas, bem como dormir em espaço público (calçadas e bancos de praças) e efetuar necessidades fisiológicas.

A presença da "população de rua" ou "população em vulnerabilidade e risco social" na modernidade está tão incorporada à paisagem que já se tornou banal. Paradoxalmente, só são notados pela grande maioria da população quando não estão presentes nos locais de costume. Talvez esta seja uma das grandes dádivas do ser humano, neste caso, de maneira cruel, a "capacidade de adaptação" diante do sofrimento alheio.

Um dos pontos observados em nossa pesquisa é a comprovação de que o agravamento da situação em relação aos moradores de rua tem haver com o desenvolvimento científico e tecnológico, que cada vez mais significa geração de riqueza com diminuição de pessoas capacitadas no mercado de trabalho formal. Abordamos também aqui o foco, das mudanças operadas no mundo do trabalho e que certamente contribuem significativamente para o agravamento e desenrolar da situação dos que moram nas ruas. Paradoxalmente, de nada adiantaria a capacitação destas pessoas para o ingresso formal no mercado de trabalho sem ações de resgate de sua autoestima, sem acompanhamento psicológico e abordagem direta no auxílio a desintoxicação narcótica e alcoólica dessas pessoas. De que adiantaria a reinserção apenas temporária dessas pessoas no convívio social e no mercado de trabalho e posterior inchaço dos programas sociais existentes com sua reincidência? Estaríamos apenas gastando dinheiro público, com baixa margem de aproveitamento real. Lutar contra isso, só seria possível através de estudos firmados para elaboração deste material, com dados reais para uma abordagem clara e direta no resgate do equilíbrio emocional dessas pessoas, que há muito fora esquecido.

O aporte de novas tecnologias tem significado uma mudança sem precedentes na contemporaneidade. A mudança no mundo do trabalho tem influenciado nas relações sociais, nas condições econômicas e nas estruturas políticas.

No bojo do problema, temos visto o surgimento de movimentos das mais diversas naturezas, como: feministas, ambientalistas, defensores das árvores, defensores da paz, futurólogos, teóricos políticos... Todos pensando acerca de um futuro comum possível e palpável, diante do novo quadro que hora se apresenta. Gradativamente, nos anos 70 e 80 a concepção de marginalidade foi substituída no espaço público pela de 'informalidade' que hoje nos é bastante comum no mercado de trabalho.

Em virtude do desemprego formal e das diferentes vertentes, seguimentos e formas do que se nomeia popularmente como: "ganha pão", nos levou a vivenciar no Brasil um incremento do trabalho informal, verificamos que a informalidade vem atenuar a questão do desemprego formal. Isto contribui de certa forma para livrar os inseridos nesse quadro alternativo, da dissolução e inexistência de vínculos, elos familiares ou o que alguns chamam de rede familiar de proteção, referencial ou rede de solidariedade.

Ao elaborarmos o presente projeto, fizemos diversas incursões para realização de pesquisas de campo, com a finalidade de coletar dados reais para maior objetividade de nossas ações. Percebemos que quase 90% dos entrevistados foram beneficiados ou se beneficiam de algum projeto social realizado pelo poder público, como hospedagem ou alimentação. Infelizmente, isso nos leva a acreditar que nossas ações são nada mais do que paliativos diante de um ciclo de reincidência cada vez maior. Desta forma, acreditamos que o presente projeto seja uma medida alternativa e mais objetiva no que tange ao alcance de resultados propostos na ressocialização dessas pessoas de forma que as mesmas não venham a reincidir na necessidade de apoio solidário, privado ou governamental.

Estudo de Área e Necessidades

Na elaboração do presente projeto, foram entrevistados cerca de 482 moradores de rua espalhados pela cidade do

Rio de Janeiro. Em relação aos moradores de rua que são o nosso objeto de estudo, estes, elaboram suas territorialidades em virtude das necessidades que lhes permitam minimamente a sobrevivência nas ruas. De acordo com estudos firmados, observamos os seguintes comportamentos de guetos e os seguintes perfis comportamentais de acordo com sua aglomeração:

• População em situação de rua e em risco social aglomerados no centro do Rio de Janeiro: Cometem crimes e são os grupos mais marginalizados, possuindo verdadeiros chefes de bando que organizam a hegemonia que alguns possuem sobre determinado grupo ou grupos diferenciados.

• População em situação de rua e em risco social aglomerados na Zona Sul, especificamente em bairros como Ipanema, Gávea e Leblon:

São grupos que de certa forma trabalham em algum tipo de atividade que renda dinheiro para sustento e alimentação diária, como: coleta de papéis, latas, metais e vidros para venda; ou pequenos trabalhos de remuneração imediata, como coleta de "entulho" etc.

• População em situação de rua e em risco social aglomerados em Copacabana e Botafogo:

Com a farta distribuição de comida e donativos espalhados pelo bairro, a marginalidade é pouco exercida pelos grupos espalhados pelo bairro; Aglomerando-se para angariar comida, roupas e objetos de utilidade e sobrevivência diária.

• População em situação de rua e em risco social aglomerados em praias e pontos turísticos: Dividem-se entre as atividades de pequenos furtos, receptação de donativos e coletas de latas e papéis para venda.

Pesquisas de Campo

No Universo de 482 moradores de rua entrevistados, coletamos os seguintes dados:

Origem	
Minas Gerais	12
São Paulo	03
Goiás	06
Espírito Santo	19
Bahia	32
Rio de Janeiro	354
Paraná	02
Mato Grosso	22
Piauí	32

Tempo nas Ruas	
Menos de 6 meses	02
Até 1 ano	32
Menos de 2 anos	72
Mais de 2 anos	88
3 anos ou mais	215
5 anos ou mais	42
Não sabe	31

Motivo Que os Levaram as Ruas	
Desemprego	207
Problemas Familiares	82
Uso de Drogas e ou Alcoolismo	81
Não Declarou	12

Escolaridade	
Ensino Superior Completo	00
Ensino Superior Incompleto	05
Segundo Grau Completo	01
Primeiro Grau Incompleto	02
Ensino Fundamental	389
Analfabeto	32
Não Declarou	53

Utiliza ou Já Utilizou Algum Programa Social	
Sim 431	Não 51

Avaliação e Monitoramento

A avaliação e monitoramento, assim como todo o controle interno e externo de nossas ações, contam com relatórios de avaliação qualitativos e quantitativos. Reuniões semanais com equipe técnica em dias escalados, entrevistas de avaliação com os beneficiários e acompanhamento evolutivo diária, onde são apontados com rigor as análises quanto a qualidade e desempenho, evolução postural, higiene, responsabilidade, pontualidade, assiduidade e comprometimento.

Recursos Humanos

São sugeridos os seguintes profissionais para execução das ações propostas:

- 01 Coordenador
- 01 Assistente
- 01 Assistente Social
- 01 Tecnólogo de RH
- 01 Psicólogo
- 01 Professor de Direito e Cidadania
- 01 Professor Marketing Pessoal/Etiqueta Social/ higiene
- 01 Professor de Matemática Financeira
- 01 Professor de Português/ Redação
- 01 Professor para capacitação em vendas no varejo e telemarketing.

Além do acompanhamento profissional e psicológico, das ações e abordagem profissional para desintoxicação narcótica e alcóolica, das dinâmicas de ressocialização e palestras de discussão, o presente projeto também traz em sua execução, a capacitação profissional de seus beneficiários, com as seguintes cargas horárias e módulos que passamos a expor:

Módulos De Aula e Carga Horária Mensal	
Módulo	Carga Horária
Direito e Cidadania	12
Marketing Pessoal e Etiqueta	12
Matemática Financeira	12
Português e Redação	25
Vendas e Varejo	25
Palestras Socio Políticas	25

Cronogramas de Atividades

Atividade	Mês 1	Mês 2	Mês 3	Mês 4	Mês 5	Mês 6	Mês 7	Mês 8	Mês 9
Triagem	X		X	X	X	X	X	X	X
Palestras motivacionais		X	X	X	X	X	X	X	X
Dinâmicas de Grupo		X	X	X	X	X	X	X	X
Acompanhamento Psicológico		X	X	X	X	X	X	X	X
Encontros e abordagem para tratamento e auxílio na desintoxicação narcótica e alcóolica		X	X	X	X	X	X	X	X

Mundo do Trabalho		X	X	X	X	X	X	X	X
Etiqueta social, higiene e Marketing Pessoal		X	X	X	X	X	X	X	X
Matemática Financeira		X	X	X	X	X	X	X	X
Redação e Português		X	X	X	X	X	x	X	X
Técnica em Vendas e Telemarketing		X	X	X	X	X	X	X	X
Direitos Humanos e Cidadania		X	X	X	X	X	X	X	X
Articulação para contratação em empresas privadas									X

"Dê voz a suas ideais, siga enfrente, envolva-se!"

Flávio Duncan

NOTA SOBRE O AUTOR

Indicado ao Prêmio Nobel da Paz 2012 e reconhecido como o mais jovem da história da premiação, músico e escritor, o jovem empresário carioca Flávio Duncan, desde cedo se dedica a militâncias sociais. Jornalista, formando em Marketing, célula ativa e figura conhecida na cidade do Rio de Janeiro, o escritor conhece a realidade das ruas e de quem precisa de ajuda.

Aos 19 anos de idade, Flávio Duncan foi técnico da gerência de Planejamento de um dos Programas Sociais mais importantes do país, mais conhecido como "Favela Bairro" – (Proap II). Desde então, além de se engajar em vários projetos de assessoria em diversas ONGs e OSCs em sua cidade e dos empreendimentos em que se envolve, Duncan se dedica a desenvolver políticas de atendimento social de maneira sustentável. É a sua forma de contribuir por um Rio de Janeiro e um Brasil melhores. Foi a maneira que encontrou pra descruzar os braços e atuar em busca de uma realidade mais justa. Principalmente para pessoas que não tinham perspectiva alguma e perambulavam à margem da sociedade.

Idealizador e desenvolvedor do site: www.pescadordeideias.com.br, um projeto pioneiro no desenvolvimento de projetos e soluções simples para os problemas do cotidiano em nossa cidade, bairros e comunidades. Flávio foi o criador da primeira grande rede de responsabilidade social internauta do Brasil, onde pessoas de todo lugar podem fazer download e upload de projetos sociais e implantá-los de acordo com a demanda do lugar onde vivem. Além disso, o portal Pescador de Ideias se tornou o maior canal de troca de informações sobre projetos sustentáveis, mudando a perspectiva e a realidade de lugares e classes sociais assolados pela pobreza e vulnerabilidade extrema, concorrendo ao título de maior rede de responsabilidade social da América Latina.

Depois desse trabalho, Flávio Duncan se dedicou em atuar fortemente junto a problemas que particularmente não lhe agradavam. Foi aos espaços públicos e mapeou um grande circuito de moradores de rua, traçando perfis comportamentais entre mais de 500 pessoas e desenvolvendo metodologias de atendimento mais eficazes para ressocialização dessas pessoas. Ninguém nunca havia feito isso antes.

Era a maneira que havia encontrado de diagnosticar o problema e atuar na resolução de questões cuja expectativa de resolução, na grande maioria das vezes, depositamos apenas nas mãos dos poderes governamentais.

A partir daí, diversos dados desconhecidos em diversas instâncias de atendimento e combate à vulnerabilidade foram divulgados, inclusive para Instituições que atuam no terceiro setor. Desde então, foram encaminhadas, para diversas esferas de atendimento, metodologias mais eficazes e dezenas de projetos voltados para a busca da solução do problema das pessoas que moram nas ruas. Inclusive denunciando a epidemia toxicológica do "crack", que hoje a mídia já consegue abordar com mais clareza.

Tudo isso lhe deu cada vez mais força, visibilidade e credibilidade.

Desde então, Flávio Duncan tem sido militante incansável na resolução de diversos problemas sociais e acabou se tornando referencial pra ajudar na busca de soluções.

Escreveu um livro que ajuda e ensina, com linguagem acessível e simplificada, a escrever projetos sociais. O livro tem o mesmo nome do Portal, o "Pescador de Ideias", e seu intuito era chegar até as pessoas com menos instrução que convivem de perto com os problemas de suas comunidades, mas não sabiam expor suas ideias de forma ordenada. Hoje, com uma jornada tripla de trabalho, Flávio se desdobra em ir até o maior número de comunidades, faculdades, bairros, cidades, escolas, palestrando e ensinando a escrever projetos. É a sua forma de descruzar os braços e mostrar que, juntos, podemos realizar qualquer coisa. Até transformar a vida ao nosso redor.

Siga-nos, escreva, faça contato, envolva-se!

Twitter:@flavioduncan

E-mail: flavioduncan@gmail.com

Palestras e Demais contatos: (21) 8067-2393

LEIA TAMBÉM!

Através deste trabalho foi possível angariar dados e traçar perfis comportamentais das pessoas que vivem nas ruas, ajudando os órgãos que atuam na ressocialização destas pessoas a adotarem metodologias mais eficazes no tratamento da questão. O livro agrega ainda depoimentos reais de quem os moradores de rua foram antes de morar nas ruas e denuncia as más condições de abrigos públicos na cidade do Rio de Janeiro, retratando a triste realidade e dificuldade de ressocialização dessas pessoas.

DIÁRIO EDITORIAL

NOVATERRA

NOVATERRA EDITORA E DISTRIBUIDORA LTDA.

CONHEÇA ALGUNS DE NOSSOS TÍTULOS!

AS TRÊS IRMÃS
COMO UM TRIO DE PENETRAS "ARROMBOU A FESTA"
Alan Diniz
Alexandre Medeiros
Fábio Fabullo

Sandro Gomes
Os Santos Mais Populares do Brasil

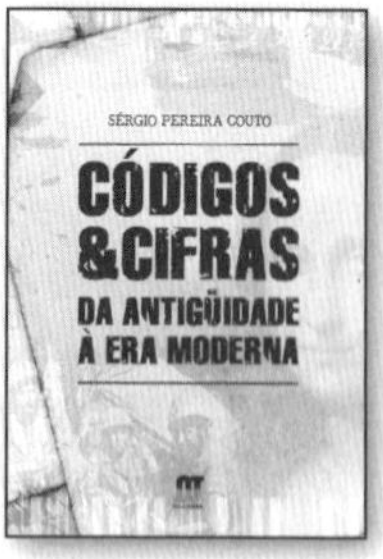

SÉRGIO PEREIRA COUTO
CÓDIGOS &CIFRAS
DA ANTIGÜIDADE À ERA MODERNA

GABRIEL TORRES
MONTAGEM DE MICROS
Para Autodidatas, Estudantes e Técnicos

GABRIEL TORRES
ELETRÔNICA
Para Autodidatas, Estudantes e Técnicos

LUA CRESCENTE
FRANCISCO CARVALHO
FERNANDO REIS

SEJA UM AUTOR DA NOVATERRA!
editorial@editoranovaterra.com.br

Mantenha-se informado sobre os lançamentos
da Editora NovaTerra!

Acesse nosso site e faça o seu cadastro para receber o nosso boletim
informativo com notícias sobre futuros lançamentos.

Visite agora mesmo:
www.editoranovaterra.com.br

Siga-nos